ANALISI DEL LIBRO

Pantagruele

· · · · · · · · · · · · · · · · ·

François Rabelais

ANALISI DEL LIBRO

Scritto da Nathalie Roland
Tradotto da Sara Rossi

Pantagruele

FRANÇOIS RABELAIS

FRANÇOIS RABELAIS

SCRITTORE UMANISTA FRANCESE

- **Luogo e data di nascita: Chinon (Francia), 1494 circa.**
- **Luogo e data di morte : Parigi, 1553.**
- **Opere principali:**
  - *Pantagruele* (1532), romanzo
  - *Gargantua* (1534), romanzo
  - *Il terzo libro* (1546), romanzo

François Rabelais nacque intorno al 1494. Figlio di un avvocato, decise di prendere gli ordini sacri intorno al 1510. I letterati, sia monaci che laici, condividevano con lui la passione per l'antichità e l'umanesimo.

Rabelais lasciò il clero nel 1527 per motivi sconosciuti e andò a studiare medicina all'Università di Montpellier. Si trasferì poi a Lione, dove scrisse opuscoli umoristici e iniziò a corrispondere con Erasmo (umanista olandese, 1469-1536). Pubblicò anche i suoi primi due libri ("*Pantagruele*" e "*Gargantua*"), che furono censurati dal Collegio della Sorbona. Rabelais divenne, poi, segretario di Jean du Bellay (vescovo e diplomatico francese, 1492/98-1560), che accompagnò a Roma. Dal 1546 iniziò a pubblicare i seguiti dei suoi libri, decisione che gli causò non pochi problemi con la Sorbona. Qualche tempo dopo, il cardinale riuscì a fargli ottenere la carica di curato di Meudon, dalla quale si dimise nel 1553.

Rabelais era un uomo originale, colto e gioviale. Morì nel 1553 a Parigi.

PANTAGRUELE

UN LIBRO MOLTO COLORATO

- **Genere:** romanzo
- **Edizione di riferimento:** Rabelais, F. (2006) *Gargantua e Pantagruele*, Trans. Screech, M.A. London, Penguin.
- **Prima edizione:** 1532
- **Temi:** educazione, parodia, cristianesimo, linguaggio, gigantismo

"*Pantagruele*" è il primo libro di una serie di cinque, insieme a "*Gargantua*", "*Il terzo libro*", "*Il quarto libro*" e "*Il quinto libro*". Racconta le avventure di un gigante dall'appetito insaziabile (da cui deriva l'aggettivo Pantagrueleico) che lascia il suo regno, Utopia, per studiare in varie università della Francia.

Il libro, scritto con lo pseudonimo di Alcofribas Nasier (anagramma di François Rabelais) per evitare la censura, ebbe un successo strepitoso alla sua prima pubblicazione nel 1532, ma fu presto condannato dalla Sorbona (1534). Infatti, in questo libro, scritto con un linguaggio crudo e diretto, Rabelais offre una descrizione serpeggiante della società del suo tempo e si prende gioco dei suoi contemporanei e delle loro conoscenze.

SINTESI

PROLOGO

Rabelais si rivolge ai suoi lettori e presenta *"Pantagruele"* come una cura miracolosa per tutte le malattie.

CAPITOLI 1-22

L'autore espone le origini di Pantagruele descrivendo l'intero albero genealogico: ci fornisce un mix di nomi tratti dalla Bibbia, dalla mitologia classica e dai romanzi cavallereschi.

Badebec dà alla luce Pantagruele (il cui nome significa "tutta la sete", p. 24), oltre a uomini, libri e bevande, utili visto che si trovano nel bel mezzo della siccità. La donna muore durante il parto, lasciando Gargantua, il padre di Pantagruele, perplesso: deve piangere perché la moglie è morta o essere felice perché è nato suo figlio? Sceglie di sfruttare al massimo la sua felicità, perché piangere non gli riporterà indietro la moglie.

Pur essendo ancora un bambino, Pantagruele compie "le azioni più terribili" (p. 27): scappa dalla culla nonostante sia incatenato e divora tutto ciò che trova sul suo cammino, compreso il latte di centinaia di mucche e il contenuto di un enorme abbeveratoio. La sua educazione inizia a Poitiers, poi visita le università di Bordeaux e Tolosa, dove impara la danza e il combattimento con la spada. Si reca, poi, a Montpellier per studiare medicina, ma vi rinuncia. Durante il viaggio, costruisce il

Pont du Gard. Il suo maestro Epistemon lo porta poi a Valence, Angers e Bourges, dove studia legge. Infine, si reca a Orléans.

Sulla strada per Parigi, Pantagruele incontra uno studente che si mette in mostra parlando un gergo incomprensibile che è un misto di latino e francese. Pantagruele è pronto a rimettere il ragazzo al suo posto. Prima di raggiungere Parigi, compie anche l'impresa di sollevare una campana pesantissima sprofondata nel terreno. Quando i parigini lo scoprono, accorrono tutti a vederlo. Visita la Biblioteca di Saint Victor, dove trova un'impressionante collezione di libri su diversi argomenti, tra cui la legge, la teologia e le scienze naturali.

Pantagruele riceve una lettera dal padre che gli spiega l'importanza dell'istruzione, in particolare dell'apprendimento delle lingue. A differenza di Gargantua, Pantagruele vive in una nuova epoca con invenzioni che sembrano provenire da "un'ispirazione divina" (p. 47), come la stampa.

Pantagruele vede un uomo ferito e va a parlargli. Tuttavia, l'uomo gli risponde in tedesco. Quando il gigante non riesce a capirlo, lo straniero prova una serie di lingue, tra cui spagnolo, indiano, italiano, danese e olandese. Alla fine, si capiscono in francese. Lo straniero si chiama Panurge e Pantagruele diventa suo amico.

Pantagruele organizza dibattiti pubblici sui temi scientifici più oscuri per mettere alla prova le sue conoscenze. Brilla quando affronta professori, studenti e teologi. Alcuni professori universitari chiedono l'aiuto di Pantagruele per risolvere un problema legale molto complicato. Il gigante deve fare da giudice in un processo tra due signori, le Sieur de Bumkis e le Sieur de Slurp-ffart. Quando Bumkis inizia a parlare, il suo discorso è oscuro e pieno di termini tecnici e giochi di parole. Il linguaggio di Slurp-ffart è altrettanto incomprensibile. Pantagruele interroga gli studiosi presenti, ma nessuno di loro vuole prendere una decisione. Lasciano, quindi, la sentenza al gigante, che emette il suo giudizio con un linguaggio altrettanto stravagante di quello dei due signori.

Il suo giudizio fa guadagnare a Pantagruele una grande fama. Nel frattempo, Panurge racconta le sue sventure: è stato fatto prigioniero dai Turchi, che volevano cucinarlo, ma è riuscito a fuggire dando fuoco alla città. Critica le mura di Parigi, "poiché con una sola scoreggia una mucca potrebbe abbatterne più di sei braccia" (p. 81). Propone di costruire un nuovo muro utilizzando "i pupazzetti delle donne" (ibid.).

Panurge porta sempre con sé piccole borse piene di ingredienti che usa per i suoi scherzi, come polvere per il prurito e oggetti con cui macchiare i vestiti. È costantemente a corto di denaro e non si fa scrupoli a ingannare o derubare la gente. Inoltre, ha trovato un modo per fare soldi rubando l'argento dalle reliquie. Racconta anche a Pantagruele dei suoi processi: in particolare, ha convocato le donne in tribunale perché indossavano colletti alti per impedire agli uomini di toccarle.

Lo studioso inglese Thaumaste ha sentito parlare della saggezza di Pantagruele e vuole discutere pubblicamente con lui, ma solo attraverso dei segni. Panurge propone di sostituirsi all'amico, convinto che "davanti a tutto il mondo, lo farò cagare aceto" (p. 101). L'inglese inizia allora a mimare e Panurge risponde. Gli esperti interpretano la "discussione" in modo diverso. Thaumaste ringrazia Panurge e Pantagruele e riconosce la loro superiore conoscenza. Di conseguenza,

Panurge diventa famoso anche a Parigi. Si avvicina a una donna di alto rango, ma lei lo respinge e gli dice di non disturbarla più. Egli tenta invano di sedurla con doni sontuosi, poi si vendica cospargendole il vestito con un po' di cipria, che attira immediatamente i cani, che le urinano addosso.

CAPITOLI 22-34

Pantagruele torna a Utopia dopo che i Dipsodi hanno invaso e scacciato Gargantua. Prima di partire, Pantagruele riceve una lettera da un'amante. Confuso dalla lettera bianca contenente un anello d'oro, Pantagruele chiede aiuto a Panurge. I due si rivolgono ai libri per scoprire perché l'inchiostro è diventato invisibile, prima di rendersi conto che il testo è inciso sull'anello.

Appena arrivati a Utopia, Pantagruele e Panurge vengono attaccati da 600 cavalieri. I due li bruciano e ne fanno prigioniero uno. Organizzano poi un banchetto e Pantagruele interroga il prigioniero. Scopre che il loro nemico, Re Anarch, ha un vasto esercito composto da giganti guidati da Loup Garou, fanti, pionieri, goblin, cannoni e prostitute.

Pantagruele erige un monumento per commemorare la vittoria dei suoi compagni. Crea uomini e donne dalle proprie flatulenze; li chiama pigmei e li manda su un'isola vicina.

Pantagruele libera il prigioniero perché possa raccontare al suo popolo le sue imprese e gli dà una bevanda da consegnare al suo re. Quando il re e i suoi generali bevono il liquido, iniziano a soffrire di una sete inestinguibile. Pantagruele invia allora i suoi compagni a dare fuoco all'accampamento nemico, prima di cospargerlo di sale e inondarlo con la sua urina. I giganti riescono per poco a salvare il re dall'annegamento. Pregando che Dio lo protegga, Pantagruele combatte poi contro il gigante Loup Garou, che invoca Maometto.

Pur avendo vinto la battaglia, Pantagruele piange il suo maestro Epistemon, la cui testa è stata tagliata. Tuttavia, Pantagruele riesce a guarirlo. Ora che è tornato in vita, Epistemon racconta il suo viaggio all'inferno, dove ha incontrato una serie di personaggi famosi reali e immaginari dell' Antichità e del Medioevo, oltre a papi.

Pantagruele riceve un'accoglienza da eroe nella sua patria e parte con alcuni guerrieri verso la terra dei Dipsodi per fondare una colonia. Punisce il re dei Dipsodi trasformandolo in una pianta di salsa verde e dandolo in sposa a una vecchia.

Il narratore, Alcofrybas Nasier, visita l'interno del gigante, dove si trova un intero mondo con molte città e abitanti.

Pantagruele si ammala: viene purgato e vengono inviate persone per sbloccare il suo stomaco.

Il narratore promette che la parte successiva della storia sarà raccontata in una prossima fiera e preannuncia le avventure che verranno. Conclude criticando le persone che leggono il libro solo per poterlo attaccare.

STUDIO DEI PERSONAGGI

PANTAGRUELE

È il gigantesco figlio di Gargantua e Badebec. Quando è nato, era già grande, bello e peloso. Con il suo rispetto per i doveri familiari e il suo senso dell'onore, Pantagruele è sempre pronto ad aiutare: costruisce, ad esempio, un ponte, scaccia i briganti, rimette un pedante al suo posto e tira fuori una campana dal terreno. Per non deludere il padre, studia diligentemente e mette alla prova le sue conoscenze in dibattiti pubblici. Il suo giudizio è pieno di buon senso e dimostra una "saggezza sovrumana" (p. 73). Tuttavia, è modesto e non pensa di essere perfetto. È molto devoto e illustra le idee di Rabelais sulla religione.

GARGANTUA

Gargantua è il padre di Pantagruele e il marito di Badebec. Attribuisce molta importanza al matrimonio e alla continuazione della stirpe. Rappresenta il sapere tradizionale, che critica: non vuole che il figlio segua la stessa strada. La lettera che invia a Pantagruele può essere vista come una sorta di testamento spirituale in cui spiega l'importanza non solo della conoscenza universale, ma anche dei valori e delle virtù da acquisire (capitolo 8).

PANURGE

Panurge è originario della Francia, ma è stato fatto prigioniero dai Turchi e parla molte lingue. È amico di Pantagruele ed è un bon vivant che apprezza tutti i piaceri della vita: cibo, bevande e sesso. È molto interessato alle donne e ha una lunga lista di conquiste. È il personaggio meglio descritto dal punto di vista fisico e psicologico: è un uomo di 35 anni, magro, amabile, di media altezza e con un naso aquilino. È anche un vagabondo, uno spendaccione e un ladro. È un personaggio malizioso e porta sempre con sé delle borse piene di ingredienti che utilizza per i suoi scherzi: usa polvere pruriginosa, macchia abiti di pregio, scoreggia e ruba argenteria (capitolo 16). È ingegnoso e astuto e viene in aiuto di Pantagruele e dei suoi compagni in diverse occasioni: durante la disputa contro Thaumaste (capitoli 18-20), per risolvere il mistero dell'inchiostro invisibile (capitolo 24) e durante la battaglia contro i Dipsodi, dove dimostra le sue abilità di medico.

ANALISI

ISTRUZIONE

Che cos'è una buona educazione?

In quanto umanista, Rabelais attribuisce molta importanza all'istruzione e all'insegnamento, in particolare delle lingue. La lettera che Gargantua scrive al figlio per incoraggiarlo a studiare in tutta la Francia (è così che si studiava nel XVI secolo) ne è un buon esempio: serve come argomento a favore di un'educazione umanistica.

Dopo aver criticato l'insegnamento del Medioevo, Gargantua spiega a Pantagruele (e al lettore) l'importanza dello studio. Questo gli permetterà di raggiungere gli ideali rinascimentali di conoscenza e virtù. Il padre lo incoraggia a diventare "un abisso di erudizione" (p. 49), cioè ad acquisire tutte le conoscenze dell'epoca. Ciò comprende le lingue antiche (latino, greco, ebraico, caldeo e arabo), le sette arti liberali (conoscenze fondamentali nel Medioevo che comprendono la grammatica, la retorica, la dialettica, l'aritmetica, la musica, la geometria e l'astronomia), il diritto civile, la storia naturale, la medicina, l'arte della guerra, i testi biblici e i testi antichi, in particolare, quelli di moralisti come Plutarco. In questo modo, Rabelais trasmette il messaggio che una buona educazione permette di acquisire una conoscenza universale.

👁 BUONO A SAPERSI: L'UMANESIMO

L'Umanesimo, nato in Italia nel XIII secolo e diffusosi in tutta Europa fino al XVI secolo, si riferisce a un movimento di rinnovamento totale delle arti e del pensiero. Gli studiosi si lasciarono alle spalle l'eredità del Medioevo, visto come un periodo "buio" (p. 47), per riportare in auge la conoscenza dell'Antichità (vista come un passato glorioso), dare maggiore importanza all'uomo, che deve essere educato e conciliare queste due idee con il Cristianesimo. Vale la pena notare che, nel caso di Rabelais, gli specialisti parlano di umanesimo cristiano: come altri autori, era molto interessato alle questioni religiose, in particolare, alla diffusione di una traduzione della Bibbia che rimanesse fedele al testo originale.

Educare il lettore

Nel corso del testo, Rabelais cerca di educare il suo lettore. Innanzitutto, incorpora nel suo romanzo elementi di tutta la conoscenza umana del XVI secolo:

- fa molte allusioni a personaggi biblici (Noè, p. 15), a uomini ed eroi dell'antichità greca, romana e orientale (Archimede, p. 38; Ovidio, p. 18; Enea e Didone, p. 122; Sennacherib, p. 140), ad autori e cavalieri del Medioevo (François Villon, p. 152; Re Artù, p. 149) e a umanisti (Pico della Mirandola, p. 58);

- propone una lista di libri che sono dei classici nel loro campo (ogni volta che si trova di fronte a un problema, Pantagruele si rivolge ai libri, come i trattati di architettura e le opere sulla segnaletica);

- utilizza un vocabolario preciso e specialistico, in particolare in ambito giuridico e spiega anche alcune situazioni legate al diritto (in particolare, si prende gioco del gergo giuridico nei capitoli 11-13) e alla medicina;
- si occupa anche di elementi culturali direttamente ispirati alla vita quotidiana: i pregiudizi nazionali (gli abitanti di Bourbon hanno le orecchie grandi), i mestieri e le loro reputazioni (i vasai di Villedieu in Normandia) e il senso comune popolare ("Hai capito tutto? Allora bevi un bel sorso senz'acqua! Perché se non ci credete, 'Neanche io', disse lei", p. 21).

Fornisce, inoltre, ai suoi contemporanei degli exempla. Si tratta di aneddoti reali o di fantasia su uomini o animali con una morale positiva o negativa, che gli autori rinascimentali usavano per illustrare le loro idee. Il loro scopo è quello di insegnare al lettore a comprendere un concetto e ad aiutarlo a ricordarlo. Ad esempio, Agesilao serve a ricordare la virtù degli spartani (p. 80) e la storia del leone e della volpe insegna al lettore l'igiene delle ferite.

Infine, Rabelais usa la comicità anche per educare i suoi lettori. In questo modo, segue l'adagio latino sulla commedia: *castigat mores ridendo* ("ridendo si corregge la morale"). La comicità è quindi uno strumento educativo che permette all'autore di denunciare con delicatezza le mancanze dei suoi contemporanei affinché cambino strada. Rabelais utilizza principalmente:

- parodia: il suo romanzo è la parodia delle storie d'amore cavalleresche (in particolare con il lignaggio del protagonista, capitolo 1) e include molti titoli immaginari quando elenca i libri della biblioteca;
- lingua.

Linguaggio

Un flusso costante di parole

Il linguaggio è di vitale importanza nella scrittura di Rabelais. I suoi personaggi hanno un bisogno incontrollabile di parlare e lo fanno in modo rapido e disordinato: i loro discorsi sono verbosi, come nel caso di Gargantua che piange la moglie (capitolo 3). In generale, tutto serve come pretesto per una spiegazione (la nascita e il nome di Pantagruele) o un elenco (il contenuto delle borse di Panurge). Rabelais utilizza costantemente dialoghi e citazioni che rendono il testo più lungo. Usa anche un linguaggio volgare e colloquiale e non ci pensa due volte a rivolgersi direttamente al lettore ("Ascoltate, brutti stronzi", p. 208). Tutte queste tecniche danno vita al testo.

Le lingue

Come molti altri umanisti, Rabelais credeva che il linguaggio fosse il fondamento dell'educazione. Senza la lingua, infatti, l'uomo non ha umanità e non è migliore di un animale. Tuttavia, non è sufficiente conoscere una sola lingua: oltre al latino, sono necessarie anche lingue di base come il greco e l'ebraico. Rabelais ritiene che il linguaggio debba essere semplice e corretto e si fa beffe dell'incomprensibile farfugliamento dello studente limosino che mescola francese e latino. Panurge, che è un vero poliglotta, viene rappresentato come un modello di conoscenza linguistica.

Il linguaggio come strumento per ridere

Per Rabelais, il linguaggio è anche una fonte di comicità. L'autore non esita a usare un linguaggio rozzo e grossolano incentrato sulle parti inferiori dell'anatomia umana per far ridere il lettore: parla di "palle" (p. 17), "coglioni" (p. 82) e "cazzi" (ibid.), ad esempio. Anche l'uso del dialetto serve da pretesto per usare parole volgari (gli uomini di Lucon chiamano la prima campana del matinée "Gratta le palle", p. 137). L'autore utilizza anche un vocabolario scatologico, cioè parole che si riferiscono agli escrementi: ad esempio, ricorre spesso a parole come "piscio" (ibid.), "scoreggia" (p. 81) e "merda" (p. 33).

Inoltre, Rabelais utilizza tutta la gamma del linguaggio per provocare l'ilarità. Così crea etimologie inverosimili: ad esempio, dà una spiegazione stravagante dell'origine dei nomi dei luoghi in cui si trovano le fonti di acqua calda. Ama anche divertirsi con il linguaggio parodiando il gergo (capitoli 12 e 13), usando giochi di parole (capitolo 7) e coniando nuove parole.

La religione

Nel corso del racconto, Rabelais denuncia gli eccessi del cristianesimo (come la vendita di indulgenze che riducono o eliminano le punizioni che i cristiani devono affrontare per i loro peccati) o le deviazioni dalla vera fede (il costante ricorso ai santi). Tuttavia, nonostante le sue numerose critiche alla religione, Rabelais non è antireligioso: egli stesso era membro di due ordini religiosi. Inoltre, dobbiamo ricordare che nel XVI secolo era impossibile pensare al di fuori del quadro religioso.

Nel romanzo, il personaggio di Pantagruele illustra le idee di Rabelais su questo tema, in particolare quando prega prima della battaglia con Loup Garou (capitolo 29). In questo discorso, sembra che:

- l'uomo debba fidarsi di Dio e agire secondo i suoi ordini;
- Dio tolleri la guerra solo per difendersi (in questo modo, Rabelais critica le guerre di conquista condotte da Francia, Inghilterra e Sacro Romano Impero);
- solo un Vangelo puro (cioè privo di interpretazioni di commentatori precedenti o di errori di traduzione) debba essere predicato.

Inoltre, Rabelais critica le glosse medievali (i commenti dei monaci nel Medioevo) e sostiene il ritorno alle lingue originali della Bibbia, come il greco e l'ebraico, per comprendere la dottrina cristiana e rimanere più vicini al suo significato originale.

Nel XVI secolo, molti studiosi adottarono i concetti di evangelizzazione. Questo movimento ebbe origine negli ambienti umanistici europei in seguito alla riscoperta di testi dell'antichità. Cercando di rielaborare rigorosamente i testi, si resero conto di errori di copiatura nel testo della Bibbia e di cattive traduzioni che erano circolate. Questi autori incoraggiarono, quindi, il ritorno al testo originale e l'apprendimento delle lingue antiche per comprendere meglio le storie bibliche.

Una parodia dei romanzi cavallereschi

Mentre Rabelais presenta il suo libro come una cronaca nel prologo e alla fine, ci rendiamo subito conto che si tratta, in realtà, di una parodia dei romanzi cavallereschi che racconta le "orribili gesta e imprese di Pantagruele" (p. 13).

Il termine "romanzo cavalleresco" si riferiva originariamente a opere in prosa in lingue come il francese antico, l'anglo-normanno, l'occitano e il provenzale (in contrapposizione al latino) adattate da storie di amori cortesi e dalle *"chansons de geste"* dell'XI e XII secolo. A causa delle loro origini, i romanzi cavallereschi assomigliano alle epopee dell'antichità, che descrivono le avventure di eroi mitologici. I romanzi cavallereschi sono incentrati su un cavaliere, sulle sue avventure e sulle sue relazioni amorose e presentano elementi fantastici. Altri elementi caratteristici di questo genere sono l'importanza attribuita alla genealogia e al lignaggio, la contrapposizione di due comunità per un territorio e la contrapposizione tra bene e male.

"Pantagruele" presenta molte analogie con le storie cavalleresche:

• L'intervento del soprannaturale: racconta la storia di un gigante di Utopia (la parola significa letteralmente "nessun luogo").

• Il lettore segue le imprese dell'eroe in tutta la Francia e altrove (spostamento di una campana molto pesante; lotta contro Loup Garou, capitolo 29) e le sue vicende amorose (capitolo 26).

• L'albero genealogico di Pantagruele è delineato nel primo capitolo e, appena arrivato a Poitiers, visita la tomba di un lontano antenato (capitolo 5).

• La battaglia tra Pantagruele e Loup Garou, che ha invaso Utopia, ricorda le Crociate, un tema ricorrente nelle *"chansons de geste"*. Questa impressione è rafforzata dal fatto che Pantagruele, simbolo del soldato cristiano, si appella a Dio, mentre Loup Garou prega Muhammed.

La scelta di Rabelais per questo genere si spiega con il clamoroso successo di pubblico dei romanzi cavallereschi e con la loro grande diffusione grazie alla stampa. Inoltre, in Italia (che Rabelais visitò in diverse occasioni), l'epica, in particolare quella di Ariosto (1474-1533), era molto popolare. Rabelais scriveva, quindi, per un pubblico che conosceva bene questo tipo di romanzi e che li avrebbe senza dubbio paragonati a *"Pantagruele"*.

Tuttavia, Rabelais non si limitò a riprendere il romanzo cavalleresco così com'era: ne fece una parodia. Il suo obiettivo non era quello di ridicolizzare la letteratura medievale, ma di riutilizzare le caratteristiche dei romanzi cavallereschi in modo originale per creare un nuovo genere narrativo che fondesse realtà e finzione, cronaca e romanzo.

ULTERIORI RIFLESSIONI

ALCUNE DOMANDE SU CUI RIFLETTERE...

- Qual è il ruolo della lettera di Gargantua nel libro? A cosa si riferisce? Alla luce di questo capitolo e dell'intero libro, cosa significa "La scienza senza coscienza non è che la rovina dell'anima" (p. 49)? In che modo riassume le idee di Rabelais?

- Che ruolo o ruoli hanno le lingue e le parole in "*Pantagruele*"? Perché Rabelais attribuisce loro tanta importanza?

- In che modo Rabelais cerca di evitare la censura? Quali consigli dà al suo lettore?

- Perché gli specialisti parlano di "cultura popolare" e "cultura colta" negli scritti di Rabelais? Fate degli esempi.

- Come descrivereste il riso nella scrittura di Rabelais? Per quali argomenti viene utilizzato? Quali sono gli obiettivi dell'autore nell'utilizzare questo approccio?

- Nel capitolo finale, il narratore si rivolge ai "Pantagrueleisti". Chi sono? Quali idee difendono?

- Analizzate il rapporto tra Pantagruele e Panurge. Quali sono le somiglianze e le differenze tra i due personaggi? Su cosa si basa la loro amicizia?

- Il romanzo può essere definito realistico?

- Perché Rabelais ha scelto di fare del suo eroe un gigante?

ULTERIORI LETTURE

EDIZIONE DI RIFERIMENTO

Rabelais, F. (2006) *Gargantua e Pantagruele*. Trans. Screech, M.A. London: Penguin.

STUDI DI RIFERIMENTO

Bakhtin, M. (2009) *Rabelais e il suo mondo*. Bloomington, Indiana: Indiana University Press.

Merritt, Y. (No date) L'inestinguibile sete di capire: La satira di Francois Rabelais sull'apprendimento medievale e rinascimentale in "Gargantua e Pantagruele". *Ampersand: la scienza dell'arte; l'arte della scienza*. [Online]. [Accessed 3 April 2017]. Disponibile da: <http://itech.fgcu.edu/&/issues/vol2/issue2/rabelais.htm>

Gioia, T. (Senza data) "Gargantua e Pantagruele" di François Rabelais. *Narrativa concettuale*. [Online]. [Accessed 3 April 2017]. Disponibile da: <http://www.conceptualfiction.com/Gargantua_and_Pantagruele.html>

O'Brien, J. ed. (2010) *The Cambridge Companion to Rabelais*. Cambridge: Cambridge University Press.

Vogliamo sapere da voi!
Lasciate un commento sulla vostra biblioteca online
e condividete i vostri libri preferiti sui social media!

www.50minutes.com

Master ISBN: 9782808691123
ISBN cartaceo: 9782808612524
Deposito legale: D/2023/12603/1532

Copertura: © Primento

Concezione digitale a cura di Primento, il partner digitale degli editori.